평범한 우리 어린이들을
다음 세대 위인으로 만들어 줄 위인전!
효리원의 저학년 교과서 위인전은
초등학교 교과 과정에 나오는 국내외 위인들을
우리나라 최고 아동 문학가 53인이 재미있게 동화로
구성했습니다. 지혜와 용기로 위대한 삶을 산
위인들의 이야기는 어린이들의 마음속에
'나도 할 수 있다!'는 희망의 씨앗을
심어 줄 것입니다.

KB192165

일러두기

1. 띄어쓰기와 맞춤법 : 초등학교 국어 교과서와 국립국어원의 『표준국어대사전』을 기준으로 하였습니다.

2. 외래어 지명과 인명 : 국립국어원의 『외래어 표기 용례집』을 기준으로 하였습니다.

3. 이해가 어려운 단어 : ( ) 안에 뜻풀이를 하였습니다.

4. 작가 연보 : 연도와 함께 나이를 표기하고, 업적을 간략히 소개하였습니다. 우리나라 위인은 태어난 해를 한 살로 하였고, 외국 위인은 만 나이를 한 살로 하였습니다. 정확한 자료가 없는 위인은 연도와 업적만을 나타냈습니다.

5. 내용 구성 : 위인의 삶은 역사적 자료를 바탕으로 최대한 사실적으로 구성하였습니다. 그러나 읽는 재미를 위해 대화 글이나 배경 묘사, 인물의 감정 표현 등에 작가의 상상력을 가미하였습니다.

6. 그림 구성 : 문헌을 바탕으로 위인이 살던 시대를 충실히 나타내도록 하되 복식의 색상이나 장식, 소품, 건물 등은 작가의 상상으로 그렸습니다.

7. 내용 감수 : 각 분야의 전문가들로 구성된 편집 위원들이 꼼꼼히 감수를 하였습니다.

편집 위원

김용만(우리역사문화연구소장)
교과서에서 만나는 위인들을 중심으로 일화와 함께 그림과 사진을 곁들여 지루하지 않게 읽을 수 있습니다. 술술 읽다 보면 학교 공부에도 많은 도움이 될 것입니다.

신현득(동시인, 전 새싹회 회장)
우리가 자주 듣고 접하는 역사 속 실존 인물들이 자신의 꿈을 이루기 위해 어떻게 노력했는지 깨달아 가면서 우리 어린이들은 한층 더 성숙해질 것입니다.

윤재운(동북아역사재단 연구 위원)
위인전을 읽으면서 어린이들은 시대를 넘어 간접 체험을 할 수 있습니다. 어떻게 살아야 하는지 인생에 대한 동기 부여와 함께 삶이 보다 풍요로워질 것입니다.

이은경(철학 박사, 전북과학대 유아교육학과 교수)
한 사람의 인격과 품성은 어릴 때 형성됩니다. 따라서 초등학교 저학년 때 어떤 책을 읽느냐에 따라 생각의 크기가 달라집니다. 어린이의 미래를 위해 이 책은 꼭 읽어야 합니다.

이창열(하버드 대학교 물리학 박사, 전 국가과학기술자문회의 전문 위원)
세상을 바꾼 위대한 인물의 이야기는 어린이의 인성 및 감성 발달에 큰 영향을 미칠 뿐 아니라 실험 정신과 개척 정신을 길러 줍니다. 용기와 지혜로 세상을 헤쳐 나가는 당당한 어린이를 꿈꾼다면 이 책은 꼭 한번 읽어 보아야 합니다.

정재도(한글학자)
위인으로 일컬어지는 이들은 어떤 생각을 하고, 어떤 삶을 살았을까요? 그들의 흔적을 담은 위인전은 복잡한 현대를 이끌어 갈 우리 어린이들에게 나침반과 같은 역할을 할 것입니다.

조수철(서울대학교 의과대학 소아정신과 교수)
위인전은 시대와 신분, 업적이 다른 위인들의 삶이 다양하고 흥미롭게 구성되어 있어 손쉽게 여러 삶의 모습을 만날 수 있습니다. 용기 있게 고난을 헤쳐 나간 위인의 이야기를 통해 삶의 지혜를 배울 수 있을 것입니다.

컴퓨터와 인터넷을
주도하는 *IT* 산업의 거인

빌 게이츠

전병호 글 / 이미정 그림

효리원
hyoreewon.com

빌 게이츠를 쓰면서 새삼 다시 느낀 것은 어린이들의 잠재 능력은 무궁무진하다는 것입니다. 다만 그것을 어떻게 발견하고 어떻게 키워 주느냐를 고민해야 한다는 것입니다.

빌 게이츠는 어릴 때 못 말리는 장난꾸러기 취급을 받았습니다. 그렇지만 그것이 숨길 수 없는 천재성을 표출하기 위한 행동이었다는 것을 왜 알아보지 못했을까요? 다행스럽게도 빌 게이츠는 컴퓨터를 만나면서 스스로 자기의 소질을 계발하게 됩니다. 만약 빌 게이츠가 부모님의 소원대로 법률 공부를 계속했다면 지금은 평범한 법률가로 살고 있었을 것입니다.

어린이의 소질과 적성은 어떻게 찾아낼 수 있을까요? 이 책에도 답이 나와 있습니다만, 먼저 어린이가 좋아하는 행동을 주의 깊게 관찰하는 것입니다. 그리고 어린이의 행동을 긍정적으로 바라보는 것입니다.

또 하나 중요한 것은 부모님의 역할입니다. 이 책에서 부모님의 행동을 많이 기술한 것은 그런 의미에서입니다. 빌 게이츠의 부모님은 스스로 모범을 보이고 앞장서서 잘 이끌어 주었습니다. 빌 게이츠가 오늘날과 같은 사람이 되는 데 부모님의 역할이 컸다는 것을 부인할 사람은 아무도 없을 것입니다.

이 책이 어린이의 소질을 발견하고 앞길을 잘 이끌어 주는 길잡이가 되었으면 좋겠습니다.

소질이란, 있느냐 없느냐보다는 어떻게 키워 나가느냐가 중요합니다. 빌 게이츠가 게임 프로그램을 만들고 컴퓨터 공부를 한 것은 스스로 소질을 키워 나가는 과정이었습니다. 말하자면 즐기면서 공부를 했다고나 할까요.

어린이들도 자기가 좋아하고 잘하는 일을 찾아보세요. 그리고 열심히 노력하기 바랍니다. 소질이 있다고 해도 노력이 없으면 이룰 수 없답니다. 여러분도 좋아서 스스로 열심히 하는 공부를 한두 개쯤 갖기를 바랍니다.

글쓴이 전병호

차례

장난꾸러기 어린 시절

"빌이 장난을 심하게 쳐서 공부를 가르칠 수 없어요. 다른 부모님들도 빌 때문에 자기 아이가 공부를 할 수 없다고 항의를 하고요. 집에서 부모님이 잘 좀 지도해 주세요."

담임 선생님의 말씀에 어머니는 고개를 숙였습니다. 빌 게이츠가 말썽이 심하다는 것은 알고 학교에 왔지만 이 정도인 줄은 미처 몰랐던 것입니다.

어머니는 고민을 하다 빌 게이츠를 아동 심리 상담소로 데리고 갔습니다. 빌 게이츠는 상담실에 들어서자 책장을 꽉 채운 책을 보고 눈이 휘둥그레졌습니다. 그리고 심리학자가 보는 어려운 책을 읽겠다고 마구 꺼내 들었습니다. 말려도 소용이 없었습니다. 빌 게이츠를 한참 관찰하더니 상담 선생님이 말했습니다.

"빌은 야단쳐 봐야 아무 소용없는 아이입니다. 저절로 고쳐지기를 기다리는 수밖에 없어요."

비록 비쩍 마른 몸에 어울리지 않는 큰 안경을 썼지만 빌 게이츠는 누가 봐도 좋은 집안에서 반듯하게 잘 자란 아이 같았습니다. 하지만 겉모습과 달리 빌 게이츠는 학교에서나 집에서나 알아주는 장난꾸러기였습니다. 상담 선생님도 어쩌지 못하고 포기하고 만 것입니다.

그러나 빌 게이츠는 부모님도, 상담 선생님도 찾아내지 못한 능력이 많은 아이였습니다. 빌 게이츠는 누구보다도 책을 많이 읽었습니다.

"빌, 이번 주에는 어떤 책을 읽었니?"

온 가족이 둘러앉아 저녁 식사를 할 때면 아버지는 빌 게이

13

츠에게 지난주에 읽은 책을 물어보았습니다.

"돼지 프레디를 재미있게 읽었어요."

"그 책을 읽고 느낀 점이 무엇이니?"

"저는 돼지 프레디가 맨날 먹고 잠만 자는 줄 알았어요. 그런데 프레디가 탐정이 되어 사건을 해결하느라고……."

빌 게이츠는 이야기 줄거리와 읽은 느낌을 자세히 말했습니다. 그렇게 부모님은 질문하고 빌 게이츠는 대답했습니다. 빌 게이츠가 책을 읽고 다양한 생각을 하도록 이끌어 주기 위한 부모님의 독서 지도 방법이었습니다. 빌 게이츠는 그런 부모님 덕분에 책을 많이 읽었습니다.

빌 게이츠는 더 많은 지식을 얻고 싶어 10살 때는 백과사전을 외웠습니다. 독서 경진 대회에 참가하여 전체 1등을 하기도 했습니다. 선생님께서 숙제를 내주시면 5장 정도면 될 것을 20~30장이 넘는 보고서를 만들어 발표했습니다.

또 빌 게이츠는 한 번 읽은 내용은 잊지 않았습니다.

"한 사람이라도 오늘 배운 성경을 외워 오면 모두에게 점심

을 사 주겠다.”

어느 날 목사님은 아이들에게 성경을 읽히려고 이렇게 약속
했습니다. 하지만 한 명도 외워 오지 못했습니다. 그런데 장난
꾸러기 빌 게이츠가 한 구절도 틀리지 않고 다 외워 왔습니다.
목사님은 깜짝 놀랐습니다.

“빌, 열심히 노력했구나. 그래 성경을 몇 번 읽었니?”

"몇 번은요? 한 번 읽은 게 다예요."

목사님은 믿기지 않아 다시 물었습니다.

그러자 이번에는 아이들이 대답했습니다.

"목사님! 빌은 백과사전도 다 외워요."

목사님은 여전히 믿기 어렵다는 표정을 지어 보였습니다.

그때 빌 게이츠는 마음속으로 이렇게 말했습니다.

빌 게이츠 부부 | 부모님의 영향으로 어려운 이웃을 돌보는 데 앞장서고 있는 빌 게이츠. 부인 멜린다와 인도를 방문해 아이를 돌보고 있는 모습입니다.

'저는 항상 새로운 일에 도전하는 것이 좋을 뿐이에요.'

빌 게이츠는 다른 사람과 협상도 잘했습니다.

어느 날 빌 게이츠가 누나에게 야구 글러브를 빌려 달라고 했습니다. 하지만 누나는 빌려 주지 않았습니다. 그러자 빌 게이츠는 누나에게 한 장의 서류를 내밀었습니다.

"내가 필요할 때만 야구 글러브를 사용하고 누나에게는 5달러를 준다는 계약서야.”

누나는 즐거운 마음으로 계약서에 사인을 했습니다. 빌 게이츠는 남과 다투지 않고 자신이 원하는 것을 얻으려면 어떻게 해야 하는지를 알았던 것입니다.

빌 게이츠의 어머니는 크리스마스가 되면 고아를 돕기 위해 거리에 나가 모금 활동을 펼쳤습니다. 그리고 집에 돌아오면 빌 게이츠에게 물었습니다.

“빌, 올해도 구세군 냄비에 돈을 넣었니?”

“그럼요. 용돈을 아껴서 작년보다 더 많이 넣었어요.”

어머니는 빌 게이츠를 크게 칭찬해 주었습니다. 변호사인 아버지도 늘 어려운 이웃을 돕는 데 앞장섰습니다. 빌 게이츠는 그런 부모님을 보면서 자기도 어려운 이웃을 돕는 데 앞장서겠다고 다짐했습니다.

컴퓨터에
빠지다

빌 게이츠는 책을 많이 읽었기 때문에 지식이 풍부하고 호기심이 많았습니다. 특히 어려운 일이 생기면 골똘히 생각해서 해결했습니다. 그럼에도 빌 게이츠는 학업 성적이 좋지 않았습니다. 늘 중간 정도였습니다. 또 친구들과 잘 어울리지 못했습니다. 그래서 왕따를 당하기도 했습니다.

부모님은 고민 끝에 빌 게이츠를 유명 사립 학교인 레이크사이드스쿨로 전학시켰습니다. 교육 환경을 바꾸어 주려고 그런 것입니다.

레이크사이드스쿨의 교육 방법은 무척 엄했습니다. 빌 게이츠는 소문난 장난꾸러기였지만 꼼짝 못하고 학교를 다녀야 했습니다. 그러다가 빌 게이츠는 자기처럼 수학과 과학을 좋아하는 몇몇 친구와 사귀었습니다. 빌 게이츠는 그들과 친하게 지냈습니다.

1960년대 말, 미국은 사람을 달에 보내려고 여러 번 인공위성을 쏘아 올렸습니다.

"우주선이 날아가서 달에 내렸다가 다시 돌아왔대!"

"와, 대단하다. 어떻게 그럴 수 있지?"

"컴퓨터가 정확하게 계산해 주기 때문이래."

"컴퓨터?"

"집채만 한 계산기래."

빌 게이츠는 그때 처음으로 컴퓨터라는 것을 알았습니다. 빌 게이츠는 컴퓨터가 몹시 보고 싶었습니다.

그런데 놀라운 일이 일어났습니다. 우주선이 달에 다녀오는 것을 본 어머니들이 학생들의 꿈을 키워 주기 위해 학교에 컴

퓨터를 사 준 것입니다.

"와, 컴퓨터를 사용해 보자."

아이들이 우르르 몰려들었습니다.

하지만 며칠 지나자 빌 게이츠와 몇 명만 남았습니다. 컴퓨터를 사용하려면 자기가 직접 프로그램을 만들어야 하는데 그것이 너무 어려웠기 때문입니다. 그 덕분에 빌 게이츠는 컴퓨

터를 더 많이 사용할 수 있게 되었습니다.

"복잡한 문제도 단숨에 계산해 내네."

빌 게이츠는 컴퓨터를 사용할수록 궁금한 게 더 많아졌습니다. 그래서 컴퓨터 공부를 열심히 했습니다. 얼마 지나지 않아 빌 게이츠는 선생님보다 컴퓨터를 더 잘 사용할 수 있게 되었습니다. 그리고 아이들이 쉽게 할 수 있는 게임 프로그램까지

만들었습니다.

"네가 게임 프로그램을 만들었니?"

그때 누군가 빌 게이츠를 찾아왔습니다. 빌 게이츠보다 두 살 많은 폴 앨런이었습니다.

"나도 컴퓨터를 무척 좋아한단다. 우리 친구하자."

폴 앨런이 악수를 청했습니다. 빌 게이츠는 이날 평생을 같이할 친구인 폴 앨런을 만났습니다. 둘은 틈만 나면 같이 컴퓨터 책을 읽고 의견을 나누었습니다. 그리고 밤늦도록 컴퓨터 프로그램을 만드는 기계어를 익혔습니다. 그것이 컴퓨터 프로그램을 만드는 데 큰 도움이 되었습니다. 그래서 빌 게이츠는 컴퓨터를 잘하는 친구들을 모아 '레이크사이드 프로그래머 모임'을 만들었습니다.

그런데 학교에서는 더 이상 컴퓨터를 사용할 수 없게 되었습니다. 한 시간에 40달러나 하는 사용료를 감당할 수 없었던 것입니다.

쫓겨나고 야단맞는 날들

어느 날입니다. 폴 앨런이 기쁜 얼굴로 빌 게이츠에게 달려왔습니다. C-큐브드 회사에서 컴퓨터 잘하는 학생들을 소개해 달라는 연락이 왔다는 것입니다.

"교장 선생님께서 우리를 추천해 주셨어."

"정말?"

빌 게이츠와 친구들은 C-큐브드 회사를 찾아갔습니다.

"어린 너희가 추천을 받아 왔다고?"

사장은 빌 게이츠와 친구들을 보자 마음이 내키지 않는다는

눈치였습니다. 그러나 빌 게이츠가 컴퓨터를 사용하는 것을 보고는 금방 일을 맡겼습니다.

"너희가 할 일은 컴퓨터의 결함을 찾아내는 거야."

빌 게이츠와 친구들은 저녁이 되면 회사로 달려갔습니다. 직원들이 퇴근한 후에야 컴퓨터를 마음껏 사용할 수 있기 때문입니다. 빌 게이츠와 친구들은 보란 듯이 수많은 컴퓨터의 결함을 찾아냈습니다. 그것을 정리하니 수십 쪽이나 되었습니다. 사장님은 크게 기뻐했습니다.

그러나 빌 게이츠는 큰 실수를 저지르고 말았습니다. 컴퓨터의 암호 보호 장치를 풀다가 그만 컴퓨터를 고장 낸 것입니다. 빌 게이츠는 밤을 꼬박 새웠지만 고치지 못했습니다. 빌 게이츠는 C-큐브드 회사에서 쫓겨났습니다.

회사에서 쫓겨난 빌 게이츠는 대학 도서관으로 갔습니다. 그곳에서 컴퓨터 책을 열심히 읽었습니다.

"훗훗, 내가 대학 도서관에 온 진짜 이유는 따로 있지."

빌 게이츠는 대학 도서관에서 새 컴퓨터를 여러 대 샀다는 말을 듣고 온 것이었습니다.

어느 날입니다. 대학 도서관에서 소방 훈련을 했습니다. 직원들이 잠시 자리를 떴습니다. 빌 게이츠는 이 기회를 놓치지 않았습니다.

"컴퓨터를 사용해 볼 수 있는 다시없는 좋은 기회야."

빌 게이츠는 미소를 지으면서 컴퓨터 앞에 앉았습니다. 그런데 잘못 만져 컴퓨터가 모두 고장이 나고 말았습니다. 화가 난 도서관 직원은 빌 게이츠를 경찰서에 신고했습니다.

"이제는 내 뒤를 이어 변호사 공부나 해라."

경찰서에서 빌 게이츠를 데리고 나오면서 아버지는 큰 소리로 말했습니다.

그후 빌 게이츠는 일 년 반 동안이나 컴퓨터를 멀리했습니다. 그리고 부모님이 바라는 대로 공부를 열심히 하는 평범한 학생이 되었습니다.

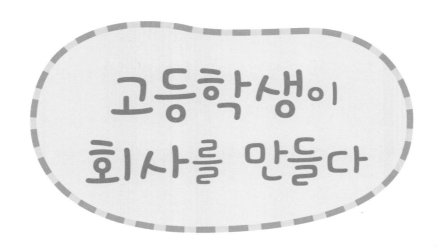

고등학생이 회사를 만들다

어느 날, 빌 게이츠에게 전화가 걸려 왔습니다. 정보과학사라는 컴퓨터 프로그램 회사였습니다.

"월급 프로그램을 만들어 줄 수 있나요?"

빌 게이츠는 잠시 망설였습니다. 다시는 컴퓨터를 만지지 않겠다고 부모님과 굳게 약속했기 때문입니다.

사장은 다시 말했습니다.

"수고료도 주고 컴퓨터도 마음대로 사용하게 해 주겠네."

"네에? 컴퓨터를 마음대로 사용하게 해 준다고요?"

이 말을 듣자 빌 게이츠는 갑자기 가슴이 마구 뛰었습니다. 생각해 보니 컴퓨터에서 손을 놓은 지도 일 년 반이나 되었습니다. 그때 빌 게이츠는 자기가 진심으로 컴퓨터 공부를 하고 싶어 한다는 것을 깨달았습니다. 빌 게이츠는 부모님께 솔직하게 말씀드렸습니다.

"저는 정말 컴퓨터 공부를 하고 싶어요. 허락해 주세요."

부모님은 빌 게이츠의 마음이 진심인 것을 알고 허락했습니다. 하지만 빌 게이츠에게 한 가지 당부를 잊지 않았습니다.

"네 목표를 꼭 이룰 수 있도록 열심히 노력하는 것도 잊지 마라."

부모님이 말한 '네 목표'는 바로 변호사가 되는 것입니다. 그래야 컴퓨터 공부를 허락하겠다는 뜻이었습니다.

빌 게이츠는 '레이크사이드 프로그래머 모임' 친구들을 불렀습니다. 그리고 친구들과 6개월 만에 월급 프로그램을 만들어 냈습니다.

이번에는 교장 선생님이 빌 게이츠를 불렀습니다.

"전교생에게 수업 시간표를 만들어 줄 프로그램이 필요하구나. 할 수 있겠지?"

빌 게이츠는 이제 교장 선생님도 인정하는 컴퓨터 잘하는 학생이 된 것입니다. 빌 게이츠는 대학생이 된 폴 앨런과 함께 수업 시간표 프로그램을 만들었습니다.

그러자 이번에는 시청에서 교통량을 알려 주는 컴퓨터 프로그램을 만들어 달라고 부탁했습니다. 빌 게이츠와 폴 앨런은 아예 컴퓨터 프로그램을 만드는 회사를 만들기로 했습니다. 이렇게 해서 만들어진 회사가 '트래프 오 데이터'입니다.

어느 날, 정부 기관에서 만나자는 연락이 왔습니다. 빌 게이츠와 폴 앨런은 무슨 일로 자신들을 찾을까 궁금해하며 정부 기관에 갔습니다.

"저는 워싱턴 주립 대학 컴퓨터 과학과에 다니는 폴 앨런입니다."

폴 앨런이 먼저 자신을 소개했습니다.

"전 레이크사이드 고등학교에 다니는 빌 게이츠입니다."

사장은 두 사람을 보더니 이렇게 말했습니다.

"천재들이로군요."

"저희를 어떻게 알고 연락을 하셨나요?"

빌 게이츠가 물었습니다. 그러자 사장이 보고서 한 권을 보여 주었습니다. 빌 게이츠가 C-큐브드 회사에서 일할 때 컴퓨터의 결함을 찾아낸 그 보고서였습니다.

"이 보고서를 쓴 사람들이 맞나요?"

"맞아요. 우리가 쓴 것입니다."

사장은 더 묻지 않고 컴퓨터 일을 맡겼습니다. 빌 게이츠와 폴 앨런은 정말 기뻤습니다.

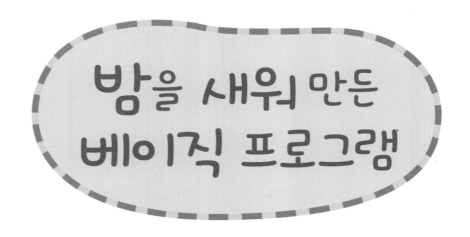

밤을 새워 만든
베이직 프로그램

빌 게이츠는 수학 성적이 뛰어나고 학교를 위해 컴퓨터 프로그램을 만든 공적이 높이 평가되어 하버드 대학에 합격했습니다. 그것도 아주 자랑스럽게 국가 장학생으로 입학했습니다.

열여덟 살이 된 빌 게이츠는 부푼 꿈을 안고 대학 생활을 시작했습니다. 그러나 빌 게이츠는 행복하지 않았습니다. 부모님의 꿈인 변호사가 되기 위해 법학을 공부하고 있었던 것입니다.

"나에게 맞지 않는 법률 공부를 하려니까 너무 힘들어."

빌 게이츠는 점점 법률 공부에 흥미를 잃었습니다.

"컴퓨터는 장래가 밝지 않아. 우리와 같이 법률 공부를 열심히 하자."

법학과 친구들은 빌 게이츠에게 컴퓨터 공부를 그만두라고 말렸습니다.

"미래는 컴퓨터 시대야. 새 시대를 준비해야 해."

빌 게이츠는 자기의 생각을 열심히 말했지만 친구들은 더 이상 들으려고 하지 않았습니다.

그러나 빌 게이츠의 예상은 적중했습니다. 1975년 MITS사에서 '알테어 8800'이라는 작은 컴퓨터를 만들었습니다. 집채만 한 컴퓨터만 보다가 책상에 올려놓아도 될 작은 컴퓨터가 나오니까 사람들은 모두 놀랐습니다. '알테어 8800'은 날개 달린 듯 팔려 나갔습니다. 그때 빌 게이츠는 자신이 꿈꾸는 세상이 느리지만 실제로 다가오고 있다는 것을 느꼈습니다.

'그래, 새로운 시대가 오고 있어.'

빌 게이츠는 하루 빨리 자기가 갈 길을 정해야겠다고 생각했습니다. 빌 게이츠가 하고 싶은 일은 컴퓨터 프로그램을 만드는 일이었습니다. 컴퓨터를 움직이려면 운영 프로그램과 응용 프로그램이 있어야 하는데, 이것을 소프트웨어라고 합니다. 쉽게 말해 컴퓨터는 몸, 소프트웨어는 정신이라고 할 수 있습니다.

'알테어 8800 컴퓨터에서 사용할 소트프웨어가 있어야 하는데……. 어쩌면 좋지?'

이때 MITS사 사장은 고민에 빠져 있었습니다. 그러다가 빌 게이츠에게 전화를 걸었습니다. 그동안 빌 게이츠가 컴퓨터 프로그램을 만들어 낸 일을 알고 있었기 때문입니다.

"알테어 8800 컴퓨터에서 사용할 프로그램을 만들 수 있겠는가?"

"제가 만든 프로그램을 사용하겠다고 약속만 해 주시면 빠른 시간 안에 만들겠습니다."

"좋아. 그럼 기다리겠네."

그날부터 빌 게이츠와 폴 앨런은 하버드 대학교 컴퓨터실에서 밤낮없이 일했습니다. 잠도 거의 자지 않았습니다. 잘 먹지도 못했습니다. 책상이나 마룻바닥에 쓰러져 자다가 깨면 다시 일어나 일을 했습니다. 마침내 8주 후에 두 사람은 '알테어 8800' 컴퓨터에서 사용할 수 있는 베이직 프로그램을 만들었습니다.

폴 앨런이 베이직 프로그램을 갖고 앨버커키로 비행기를 타고 날아갔습니다.

"사실 저희는 큰 기대는 하지 않았습니다."

MITS사에 도착하자 사장은 폴 앨런에게 이렇게 말했습니다. 그동안 50명이 넘는 프로그래머들이 다녀갔지만 단 한 명도 성공하지 못했다는 것입니다.

폴 앨런은 컴퓨터에 조용히 베이직 프로그램을 입력했습니다. 그리고 떨리는 손으로 엔터 키를 눌렀습니다. 모니터에 '준비 완료'라는 글자가 떴습니다.

"오, 대단해요. 프로그램이 정상적으로 작동되는군요. 당장 계약합시다.”

MITS사 사장은 악수를 청했습니다.

빌 게이츠는 베이직 프로그램이 정상적으로 움직였다는 전화를 받자 뛸 듯이 기뻤습니다.

“당장 계약하자고 하는데 어떻게 하지?”

폴 앨런이 빌 게이츠에게 물었습니다.

그러자 빌 게이츠가 이렇게 말했습니다.

“프로그램이 완벽하지 않기 때문에 지금 이대로 팔 수는 없어. 양심이 허락하지 않아.”

빌 게이츠는 베이직 프로그램을 더 완벽하게 고친 후에야 MITS사와 계약했습니다. 그리고 빌 게이츠는 고등학교 때 같이 컴퓨터 공부를 하던 친구들을 불러 모았습니다.

“우리들의 꿈이 담긴 회사를 만들자. 그래서 세계적인 회사로 키워 보자!”

“우리는 젊어. 큰 꿈을 향해 도전하자!”

1975년 4월, 빌 게이츠는 폴 앨런과 함께 뉴멕시코 주 앨버

커키의 작은 아파트에서 컴퓨터 소프트웨어
회사를 만들었습니다. 이것이 나중에 세계적
으로 유명하게 된 마이크로소프트사입니다.

51

그만둔
하버드 대학

빌 게이츠는 법학 공부도 하고 회사도 운영해야 했습니다.
그래서 빌 게이츠는 회사가 있는 뉴멕시코에서부터 하버드
대학이 있는 매사추세츠 주까지 수도 없이 비행기를 타고 날
아다녔습니다. 그러면서도 수많은 컴퓨터 프로그램을 만들었
습니다.

"빌 게이츠 씨 덕분에 컴퓨터 시대가 활짝 열렸어요."

MITS사 애드 로버츠 사장은 감격에 겨워 이렇게 외쳤습니
다. 그뿐이 아니었습니다.

'가장 뛰어난 컴퓨터 프로그램 언어가 개발되다!'

'빌 게이츠를 주목하라!'

컴퓨터 잡지마다 빌 게이츠가 만들어 내는 소프트웨어를 앞다투어 보도했습니다.

하지만 그때 빌 게이츠는 깊은 고민에 빠져 있었습니다. 부모님은 여전히 빌 게이츠가 변호사가 되기를 바랐던 것입니다. 빌 게이츠는 부모님께 자신의 생각을 말씀드렸습니다.

"새로운 시대가 열리고 있어요. 제가 컴퓨터 프로그램에 전념할 수 있도록 허락해 주세요."

"그러니까 하버드 대학을 그만두겠다는 말이니?"

"그렇습니다."

빌 게이츠는 또렷한 목소리로 대답했습니다. 부모님은 빌 게이츠의 뜻을 받아들이기로 했습니다.

"어떤 어려움이 있더라도 네가 선택한 일을 중간에 포기하면 안 된다. 알겠니?"

"아버지, 어머니, 고맙습니다."

빌 게이츠는 마이크로소프트사를 설립한 그해 하버드 대학을 그만두었습니다. 법률 공부를 같이 하기를 바라는 친구들과도 아쉬운 마음으로 헤어졌습니다.

세계 최고의
소프트웨어
회사가 되다

컴퓨터는 예상보다도 빨리 발전했습니다. 빠르게 변하는 과학 기술을 따라가지 못한 MITS사는 문을 닫고 말았습니다. 그러자 빌 게이츠는 고향인 시애틀로 돌아왔습니다.

그때 비밀리에 작은 컴퓨터를 만들고 있던 IBM이 운영 체제와 응용 프로그램을 만들어 줄 회사를 찾고 있었습니다. 빌 게이츠는 IBM의 사장을 만났습니다.

"우리는 지금 새로운 운영 체제인 MS-DOS(엠에스-도스)를 실험 중에 있습니다. 그것이 완성되면 마음대로 사용해도 좋

습니다."

　MS-DOS를 돈 안 내고 사용해도 좋다는 빌 게이츠의 말에
IBM 사장은 깜짝 놀랐습니다.

　빌 게이츠는 다시 말했습니다.

　"단 한 가지 조건이 있어요. 우리가 만든 운영 체제 MS-DOS
를 다른 회사에도 팔게 해 주세요."

　빌 게이츠는 IBM이 만든 작은 컴퓨터가 엄청난 인기를 얻
을 것이라는 것을 내다보았습니다. 세계의 모든 컴퓨터 회사

들도 빌 게이츠가 만든 MS-DOS를 운영 체제로 사용하게 될 것입니다. 그러면 당장은 아니더라도 나중에는 큰돈을 벌게 될 게 분명했습니다.

"하하하, 빌 게이츠 씨가 만든 MS-DOS를 운영 체제로 사용하겠어요. 사용료도 드리고요."

IBM 사장은 빌 게이츠가 원하는 조건을 받아들였습니다. 빌 게이츠는 크게 기뻤습니다. 빌 게이츠는 지금이야말로 더 없이 열심히 노력할 때라고 생각했습니다.

"우리는 완벽한 프로그램을 만들어야 합니다."

마이크로소프트사 직원들은 일 년 동안 밤낮없이 일해서 마침내 IBM 컴퓨터에서 사용할 수 있는 운영 체제를 완성하는 데 성공했습니다.

1981년 8월 21일, IBM은 '퍼스널컴퓨터'라는 이름을 가진 작은 컴퓨터를 공개했습니다. IBM의 컴퓨터는 세계적으로 큰 인기를 얻었습니다. 1억 만 대도 넘게 팔려 나갔습니다. 그리고 전 세계에서 판매하는 컴퓨터는 빌 게이츠가 만든 MS-DOS를 운영 체제로 사용했습니다.

"각 나라에서 컴퓨터가 팔릴 때마다 사용료가 들어오고 있어. 엄청난 금액이야."

빌 게이츠와 친구들은 기뻐 어쩔 줄 몰랐습니다. 휴일도 없이 일한 노력이 엄청난 수익이 되어 돌아오고 있었던 것입니다.

"여기에서 만족하면 안 돼. 더 좋은 프로그램을 만들어야 해."

빌 게이츠는 마이크로소프트사가 세계 최고의 소프트웨어

빌 게이츠 | 1995년 '윈도 95'를 출시하고 상품 판촉을 하고 있는 빌 게이츠의 모습입니다.

회사가 되는 것을 목표로 삼았습니다.

 1985년, 빌 게이츠는 마침내 새로운 컴퓨터 운영 체제인 윈도를 발표했습니다. 아이콘(컴퓨터 명령을 문자나 그림으로 나타낸 것)을 클릭하면 컴퓨터가 실행되는 것입니다. 빌 게이츠는 이 프로그램을 계속 고치고 다듬어서 마침내 오늘날 우리가 쓰는 컴퓨터 운영 체제인 윈도를 발표했습니다. 빌 게이츠는 불과 31세에 억만장자가 되었습니다.

어머니의
가르침을 따르다

그때 빌 게이츠에게 커다란 슬픔이 닥쳐왔습니다. 평생 어려울 때마다 힘이 되어 주셨던 어머니가 돌아가신 것입니다. 빌 게이츠는 큰 슬픔에 잠겼습니다.

"어머니는 이웃을 사랑하고 나눔을 몸소 실천한 훌륭한 분이셨지."

어머니의 삶을 되돌아보던 빌 게이츠는 문득 아프리카의 모습을 떠올렸습니다.

병에 걸려 울부짖는 아이들, 신발이 없어 맨발로 돌밭을 걷

는 여인들, 먹을 것이 없어 굶주리는 원주민들…….

빌 게이츠는 깊은 생각에 잠겼습니다.

"컴퓨터를 사용하고 인터넷이 보급되어 생활이 편리해졌지만 가난한 사람에게는 이것이 무슨 소용이란 말인가. 이들에

게 필요한 것은 병을 고쳐 주고 배고픔을 없애 주는 것이다."

빌 게이츠는 자신이 번 돈을 어떻게 써야 할지 깨달았습니다. 그것이 가난한 사람들을 위해 평생을 봉사한 어머니의 뜻을 이어받는 길이기도 했습니다.

"전 재산의 95%를 가난한 나라의 국민이나 도움이 필요한 사람들을 위해 쓰겠습니다."

빌 게이츠는 사람들에게 이렇게 약속했습니다.

그리고 마침내 2000년 부인과 자신의 이름을 딴 '빌 앤 멜린다 게이츠 재단'을 만들었습니다.

'빌 앤 멜린다 게이츠 재단'은 가난한 나라의 어린이를 위한 백신 개발, 대학생 장학금 지급, 빈곤층을 위한 모바일 금융 서비스 사업, 빈민 지역 교육 환경 개선, 저소득층 장학 사업 등 다양한 분야에 활발히 기부하고 있습니다.

"너희들에게는 필요한 만큼의 돈만 나누어 줄 것이다. 자기의 삶은 스스로 개척해 나가야 한다."

빌 게이츠는 자녀들에게 이렇게 말했습니다.

자녀들도 빌 게이츠의 뜻에 따르기로 했습니다. 빌 게이츠와 친구로, 억만장자 중 한 사람인 워런 버핏도 자신이 가진 재산의 절반을 게이츠 재단에 기부했습니다.

한편 빌 게이츠는 자기를 믿고 열심히 일한 직원들에게 마이

빌&멜린다 게이츠 재단 본부 | 빌 게이츠는 2000년 자선 재단을 세우고 전 세계적으로 활발한 기부 활동을 하고 있습니다.

크로소프트 회사의 주식을 나누어 주었습니다. 순식간에 5천 명이 넘는 백만장자가 생겼습니다.

2008년 6월, 마침내 빌 게이츠는 회사에서 물러났습니다. '빌 앤 멜린다 게이츠 재단'을 운영하면서 어머니의 가르침을 충실하게 실천하기 위해 그런 결심을 한 것입니다. 그러나 빌 게이츠는 지금도 노력을 멈추지 않고 있습니다. 현재 빌 게이츠는 사람의 생각을 눈에 보이는 것으로 표현하는 장치를 연구하는 중이라고 합니다. ✿

빌 게이츠의 삶

연 대	발 자 취
1955년(0세)	10월 28일, 윌리엄 H 게이츠 3세, 워싱턴 주 시애틀에서 태어나다.
1967년(12세)	부모님이 빌 게이츠를 유명 사립 학교인 레이크사이드스쿨로 전학시키다.
1968년(13세)	어머니회에서 학생들의 꿈을 키워 주기 위해 단말기를 기증하다. 빌 게이츠는 이 단말기를 통해 컴퓨터와 처음으로 만나다.
1973년(18세)	하버드 대학 법학과에 입학하다. 후에 수학과로 옮기다.
1975년(20세)	'알테어 8800' 컴퓨터에서 사용할 수 있는 베이직 프로그램을 만들다. 하버드 대학교를 중퇴하고 폴 앨런과 함께 컴퓨터 소프트웨어 회사인 마이크로소프트사를 설립하다.
1980년(25세)	IBM에서 만든 개인용 컴퓨터에 사용할 MS-DOS를 개발하다. 이듬해에 IBM에서는 MS-DOS를 운영 체제로 한 '퍼스널컴퓨터'를 공개하다.
1985년(30세)	윈도 1.0을 내놓았으나 속도가 느려 관심을 받지 못하다.
1986년(31세)	억만장자가 되다.
1995년(40세)	윈도 95를 발표하다. 이후 계속 윈도 98, 2000, XP 등을 발표하다.
2000년(45세)	빌 앤 멜린다 게이츠 재단을 설립하다.
2005년(50세)	전 재산 460억 달러(55조 원) 중에서 천만 달러만 자식들에게 주고 모두 사회에 환원하겠다고 발표하다.
2008년(53세)	마이크로소프트사를 은퇴하고 자선 사업에 전념할 것을 발표하다.

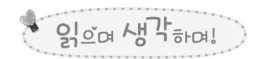

1. 빌 게이츠의 어릴 때 행동을 살펴보면 빌 게이츠가 갖고 있는 남다른 능력이 무엇인지 알 수 있습니다. 다음 보기 글에서 빌 게이츠에게 어떤 능력이 있다는 것을 알 수 있나요?

> 어느 날 빌 게이츠가 누나에게 야구 글러브를 빌려 달라고 했습니다. 하지만 누나는 빌려 주지 않았습니다. 그러자 빌 게이츠는 누나에게 한 장의 서류를 내밀었습니다.
> "내가 필요할 때만 야구 글러브를 사용하고 누나에게는 5달러를 준다는 계약서야."

2. 빌 게이츠에게 '꿈꾸는 세상이 느리지만 실제로 다가오고 있다.'는 것을 느끼게 해 준 MITS사에서 만든 컴퓨터 이름은 무엇인가요?

3. 빌 게이츠가 친구들과 함께 만든 컴퓨터 소프트웨어 회사 이름은 무엇 인가요?

4. 다음 글을 읽고 빌 게이츠가 대학에 가서 법률 공부에 흥미를 잃은 까 닭은 무엇인지 알아보고 나중에 어떻게 했는지 알아보세요.

> 열여덟 살이 된 빌 게이츠는 부푼 꿈을 안고 대학 생활을 시작했습니다. 그러나 빌 게이츠 는 행복하지 않았습니다.
> "나에게 맞지 않는 법률 공부를 하려니까 너무 힘들어."
> 빌 게이츠는 점점 법률 공부에 흥미를 잃었습니다.

5. 빌 게이츠가 자신의 재산을 가난한 사람들을 돕는 데 쓰기 위해 설립한 재단의 이름은 무엇인가요?

6. 빌 게이츠는 자기의 재산을 자식들에게 얼마만큼 물려주기로 했나요? 빌 게이츠가 한 말을 써 보세요.

7. 어렸을 때부터 부모님이 가난한 사람들을 위해 봉사하는 것을 보고 자란 빌 게이츠가 어른이 되어 어떤 일을 하게 되었나요? 그것을 보고 부모님의 행동과 자식의 교육은 어떤 관계가 있는지 내 생각을 써 보세요.

풀이

1. 빌 게이츠는 자신이 원하는 것을 다른 사람이 갖고 있을 때, 상대방도 만족하고 나도 만족할 수 있는 조건을 내세워서 계약할 줄 아는 능력을 갖고 있습니다. 어느 한쪽이 불만을 갖게 되면 그것은 바람직한 계약이라고 할 수 없습니다. 빌 게이츠의 이 능력은 IBM과 MS-DOS 사용을 위한 계약을 할 때 발휘되어 그 후에 엄청난 힘을 발휘합니다. 즉 MS-DOS가 전 세계에서 사용하는 컴퓨터 운영 체제의 표준이 되게 했으며, 빌 게이츠가 억만장자가 되게 했습니다.

2. 알테어 8800 컴퓨터

3. 마이크로소프트사

4. 빌 게이츠는 법률보다는 컴퓨터 프로그래밍에 흥미와 관심이 많았습니다. 그는 자기가 가장 좋아하는 것이 컴퓨터 프로그래밍이라는 것을 잘 알고 그 방면으로 열심히 노력했습니다. 그러나 부모님은 빌 게이츠가 법률가가 되기를 원했습니다. 그래서 빌 게이츠는 법학 공부를 했지만 흥미를 가질 수 없었습니다. 결국 빌 게이츠는 다가오는 새 시대를 맞이하기 위해 하버드 대학을 중퇴합니다. 그리고 마이크로소프트사를 운영하는 데 전념하게 됩니다.

5. 빌 앤 멜린다 게이츠 재단

6. "너희들에게는 필요한 만큼의 돈만 나누어 줄 것이다. 자기의 삶은 스스로 개척해 나가야 한다."

7. 빌 게이츠가 어렸을 때 부모님은 가난한 사람들을 돕기 위해 봉사 활동을 하고 또 모금 활동을 펼쳤습니다. 어머니는 빌 게이츠에게 구세군 냄비에 얼마나 넣었는지를 묻기도 했습니다. 이처럼 빌 게이츠의 부모님은 자식들에게 모범이 되는 행동을 보여 줌으로써 말하지 않고도 감동하도록 가르쳤습니다. 빌 게이츠는 '빌 앤 멜린다 게이츠 재단'을 설립하고 자기 재산 95%를 기부하겠다고 밝혔습니다. 그러므로 부모님은 자식에게 모범이 되어야 하며 자식은 부모님의 모범적인 행동을 보고 배워야 할 것입니다.

광개토
태왕
(374~412)

연개
소문
(?~666)

장보고
(?~846)

최무선
(1328~1395)

신사임당
(1504~1551)

한석봉
(1543~16(

황희
(1363~1452)

이순신
(1545~15(

을지문덕
(?~?)

김유신
(595~673)

대조영
(?~719)

왕건
(877~943)

강감찬
(948~1031)

세종
대왕
(1397~1450)

이이
(1536~1584)

오성고
한음
(오성 155(
1618 /
한음 1561~
1613)

허준
(1539~1615)

장영실
(?~?)

유성룡
(1542~1607)

고구려
살수
대첩
(612)

견훤
후백제
건국
(900)

문익점
원에서
목화씨
가져옴
(1363)

허준
동의보
완성
(1610)

신라
삼국
통일
(676)

궁예
후고구려
건국
(901)

고려
강화로
도읍
옮김
(1232)

최무선
화약
만듦
(1377)

병자
호란
(1636)

임진
왜란
(1592~1598)

고조선
건국
(B.C. 2333)

철기
문화
보급
(B.C.
300년경)

고조선
멸망
(B.C. 108)

고구려
불교
전래
(372)

신라
불교
공인
(527)

대조영
발해
건국
(698)

장보고
청해진
설치
(828)

왕건
고려
건국
(918)

귀주
대첩
(1019)

윤관
여진
정벌
(1107)

개경
환도,
삼별초
대몽
항쟁
(1270)

조선
건국
(1392)

훈민
정음
창제
(1443)

한산도
대첩
(1592)

상평
통보
전국
유통
(1678)

B.C.	선사 시대 및 연맹 왕국 시대	A.D. 삼국 시대	698 남북국 시대	918	고려 시대		1392

2000	500	400	300	100	0	300	500	600	800	900	1000	1100	1200	1300	1400	1500	1600

B.C.	고대 사회	A.D. 375	중세 사회	1400

중국
황하
문명
시작
(B.C.
2500년경)

인도
석가모니
탄생
(B.C. 563년경)

알렉
산더
대왕
동방
원정
(B.C. 334)

크리
스트교
공인
(313)

수나라
중국
통일
(589)

이슬람교
창시
(610)

러시아
건국
(862)

거란
건국
(918)

제1차
십자군
원정
(1096)

테무친
몽골
통일
칭기즈
칸이 됨
(1206)

원 멸망
명 건국
(1368)

잔
다르크
영국군
격파
(1429)

코페르니
쿠스
지동설
주장
(1543)

독일
30년
전쟁
(1618)

게르만
민족
대이동
시작
(375)

수 멸망
당나라
건국
(618)

송 태종
중국
통일
(979)

원 제국
성립
(1271)

구텐
베르크
금속
활자
발명
(1450)

도요토미
히데요시
일본
통일
(1590)

영국
청교도
혁명
(1642~16(

로마
제국
동서로
분열
(395)

뉴턴
만유
인력의
법칙
발견
(1665)

석가모니
(B.C. 563?~
B.C. 483?)

예수
(B.C. 4?~
A.D. 30)

칭기즈 칸
(1162~1227)

한국사·세계사 연표

한국 인물
- 정약용 (1762~1836)
- 김정호 (?~?)
- 주시경 (1876~1914)
- 김구 (1876~1949)
- 안창호 (1878~1938)
- 안중근 (1879~1910)
- 우장춘 (1898~1959)
- 방정환 (1899~1931)
- 유관순 (1902~1920)
- 윤봉길 (1908~1932)
- 이중섭 (1916~1956)
- 백남준 (1932~2006)
- 이태석 (1962~2010)

한국사 주요 사건
- 이승훈 천주교 전도 (1784)
- 최제우 동학 창시 (1860)
- 김정호 대동여지도 제작 (1861)
- 강화도 조약 체결 (1876)
- 지석영 종두법 전래 (1879)
- 갑신정변 (1884)
- 동학 농민 운동, 갑오개혁 (1894)
- 대한 제국 성립 (1897)
- 을사조약 (1905)
- 헤이그 특사 파견, 고종 퇴위 (1907)
- 한일 강제 합방 (1910)
- 3·1 운동 (1919)
- 어린이날 제정 (1922)
- 윤봉길·이봉창 의거 (1932)
- 8·15 광복 (1945)
- 대한민국 정부 수립 (1948)
- 6·25 전쟁 (1950~1953)
- 10·26 사태 (1979)
- 6·29 민주화 선언 (1987)
- 서울 올림픽 개최 (1988)
- 북한 김일성 사망 (1994)
- 의약 분업 실시 (2000)

시대 구분
조선 시대 | 1876 개화기 | 1897 대한 제국 | 1910 일제 강점기 | 1948 대한민국

| 1700 | 1800 | 1850 | 1860 | 1870 | 1880 | 1890 | 1900 | 1910 | 1920 | 1930 | 1940 | 1950 | 1970 | 1980 | 1990 | 2000 |

근대 사회 | 1900 현대 사회

세계사 주요 사건
- 미국 독립 선언 (1776)
- 프랑스 대혁명 (1789)
- 청·영국 아편 전쟁 (1840~1842)
- 미국 남북 전쟁 (1861~1865)
- 베를린 회의 (1878)
- 청·프랑스 전쟁 (1884~1885)
- 청·일 전쟁 (1894~1895)
- 헤이그 평화 회의 (1899)
- 영·일 동맹 (1902)
- 러·일 전쟁 (1904~1905)
- 제1차 세계 대전 (1914~1918)
- 러시아 혁명 (1917)
- 세계 경제 대공황 시작 (1929)
- 제2차 세계 대전 (1939~1945)
- 태평양 전쟁 (1941~1945)
- 국제 연합 성립 (1945)
- 소련 세계 최초 인공위성 발사 (1957)
- 제4차 중동 전쟁 (1973)
- 소련 아프가니스탄 침공 (1979)
- 미국 우주 왕복선 콜럼비아호 발사 (1981)
- 독일 통일 (1990)
- 유럽 11개국 단일 통화 유로화 채택 (1998)
- 미국 9·11 테러 (2001)

세계 인물
- 워싱턴 (1732~1799)
- 페스탈로치 (1746~1827)
- 모차르트 (1756~1791)
- 나폴레옹 (1769~1821)
- 링컨 (1809~1865)
- 나이팅게일 (1820~1910)
- 파브르 (1823~1915)
- 노벨 (1833~1896)
- 에디슨 (1847~1931)
- 가우디 (1852~1926)
- 라이트 형제 (형, 윌버 1867~1912 / 동생, 오빌 1871~1948)
- 마리 퀴리 (1867~1934)
- 간디 (1869~1948)
- 아문센 (1872~1928)
- 슈바이처 (1875~1965)
- 아인슈타인 (1879~1955)
- 헬렌 켈러 (1880~1968)
- 테레사 (1910~1997)
- 만델라 (1918~2013)
- 마틴 루서 킹 (1929~1968)
- 스티븐 호킹 (1942~2018)
- 오프라 윈프리 (1954~)
- 스티브 잡스 (1955~2011)
- 빌 게이츠 (1955~)

2020년 7월 25일 1판 5쇄 **펴냄**
2014년 1월 10일 1판 1쇄 **펴냄**

펴낸곳 (주)효리원
펴낸이 윤종근
글쓴이 전병호 · **그린이** 이미정
사진 제공 연합뉴스
등록 1990년 12월 20일 · **번호** 2-1108
우편 번호 03147
주소 서울시 종로구 삼일대로 457, 1206호
대표 전화 02)3675-5222 · **편집부** 02)3675-5225
팩시밀리 02)765-5222

잘못 만들어진 책은 구입하신 서점에서 바꾸어 드립니다.
ISBN 978-89-281-0302-7 64990

홈페이지 www.hyoreewon.com